AF326371

.1

EDIT DU ROY,

ET TARIF ARRESTE'
au Conseil Royal des Finances
au mois de Mars 1690.

Servans de Reglement pour les fonctions, salaires & droits des Greffiers du Chastelet de Paris.

LOUIS par la grace de Dieu, Roy de France & de Navarre : A tous presens & à venir, SALUT; Comme l'application que nous donnons continuellement aux affaires de la guerre, ne nous doit pas éloigner de celle que nous donnons pour établir l'ordre dans la Justice qui se rend à nos Sujets. Le secours que nous recevons de nos Officiers pour la soûtenir, nous engage de chercher les moyens les plus convenables pour leur procurer à chacun dans son état un établissement fixe & certain, Nous nous sommes fait representer nos Edits, Declarations, & Arrests de nostre Conseil

A

des 23. Mars 1673. dernier Mars & dernier Juillet, 4. Septembre 1674. & Février 1679. regiſtrez où beſoin a eſté, ſervans de Reglemens pour les Greffes du Chaſtelet de noſtre bonne Ville de Paris. Et ayant reconnu que par iceux il n'a pas eſté ſuffiſamment pourveu à la conſervation des Minuttes, ny à la fixation par un Tarif des droits que chacun des Officiers peut juſtement recevoir pour les ſalaires des Expeditions qu'ils délivrent, & dans les fonctions qu'ils exercent, & même que l'article 7. de l'Edit du mois de Février 1679. a donné lieu à pluſieurs procez, tant en noſtre Conſeil qu'au Parlement de Paris, entre les quinze Greffiers écrivans à la peau, qui prétendoient eſtre en droit de mettre en groſſe toutes les Expeditions des Greffes de l'Audience, quoy qu'ils ne ſoient créez que pour l'expedition de partie de Sentences de l'Audience du Parc Civil & Preſidial, comme les autres Greffiers l'ont eſté pour écrire chacun les Expeditions de leur Greffe aux termes de l'Edit du mois de Mars 1544. Nous avons reſolu de pourvoir à la conſervation des Minuttes des Actes qui ſe font au Chaſtelet, donner

aufdits Greffiers Commis, un titre certain qui foit connu au public , confirmer les droits dont ils joüiffent , termi-
ner les procez meus & à mouvoir entre les quinze Greffiers Commis écrivans
à la peau , partie des Sentences du Parc
Civil & Prefidial, & confirmer lefdits
Greffiers Commis dans l'heredité de
leurfdits Offices. A CES CAUSES, &
autres à ce nous mouvans, de l'avis de
noftre Confeil, qui a veu lefdits Edits,
Declarations & Arrefts cy-attachez foub
le contre-fcel de noftre Chancellerie,&
de noftre certaine fcience, pleine puif-
fance & autorité Royale , Nous avons
par le prefent Edit perpetuel & irrevo-
cable, ftatué & ordonné , difons, fta-
tuons & ordonnons, Voulons, & nous
plaift.

ARTICLE PREMIER.

Que les Greffiers Commis au Chaftelet de noftredite Ville de Paris joüiffent chacun de leur état & Offices here-
ditairement, enfemble leurs fucceffeurs
& ayans caufe, & les exercent comme
ils font à prefent, dreffent eux-mefmes
& écrivent les Minuttes des Regiftres
des Sentences d'Audiences, & faffent les
veus des autres jugemens fur procez par

écrit: Et joüiront chacun en droit foy des autres droits & facultez à eux accordées par noſtre Declaration du dernier Juillet 1674. dérogeant à cet effet en tant que beſoin ſeroit à la diſpoſition de l'article ſept du Reglement du mois de Février 1679. à cet égard ſeulement.

II. Permettons à tous leſdits Greffiers Commis d'écrire à la peau, ou de faire écrire par leurs Clercs les Expeditions en parchemin, chacun en droit foy des Actes dont ils ont les minuttes, ſans qu'ils y puiſſent eſtre troublez par les quinze Greffiers Commis, leſquels écriront à la peau ſeulement les Expeditions des Actes Judiciaires dont ils ſont en poſſeſſion de la dépendance de leur Greffe & de toutes les Sentences de l'Audience du Parc Civil & Preſidial qui ſe prononceront ou ſeront accordées par les parties ou leice, Procureurs, les Jeudis, Samedis, & de deux Vendredis l'un, de chacune ſemaine, dérogeant à cet effet en tant que beſoin ſeroit à la diſpoſition de l'article ſept du Reglement du mois de Février 1679.

III. Ordonnons que leſdits Greffiers Commis joüiront des droits contenus au Tarif arreſté en noſtre Conſeil, auſſi at-

taché sous le contre-scel de nostre pre-
sent Edit, sans pouvoir en recevoir d'autres ni de plus grands, lesquels droits en
tant que besoin seroit nous leur avons
de nouveau attribué.

IV. Les quinze Greffiers écrivans à la
peau joüiront en outre des droits du
Greffe des Affirmations de Voyages que
nous avons à cet effet distrait du Greffe
en Chef, & iceluy uni & incorporé aux
Charges desdits quinze Greffiers Commis écrivans à la peau, pour l'exercer par
l'un d'eux qu'ils pourront commettre, à
la charge d'indemniser les Fermiers du
Greffe en Chef de ce qu'ils pourront recevoir pour les trois quarts, pendant le
restant de leur Bail, déduction préalablement faite des frais de regie, & ce
moyennant la finance que lesdits Greffiers Commis payeront entre les mains
du Receveur de nos Revenus Casuels,
suivant le Rôle qui en sera arresté en nô-
stre Conseil, dont il sera délivré une
quittance particuliere à chacun d'eux,
qui leur tiendra lieu d'augmentation de
finance.

V. Et afin que toutes les Minuttes des
Registres, Actes & Sentences qui se ren-
dent au Chastelet soient conservez avec

foin. Avons créé , & érigé , créons , &
érigeons en titre d'Offices formez & he-
reditaires , quatre Secretaires de noftre-
dit Chaftelet , Garde des Minuttes aux
gages de quatre cens livres chacun , dont
l'employ fera fait pour trois quartiers
pour chacun an dans les Etats qui feront
arreftez en noftre Confeil conjointement
& avec les gages des Greffiers dudit Châtelet , & joüiront d'un minot de fel chacun en payant le prix du Marchand re-
glé pour lefdits Greffiers & du droit de
Garde-Gardienne.

VI. Lefdits Secretaires Gardes-Minuttes figneront les expeditions du Greffe
en chef, en cas d'abfence , maladie , ou
autre legitime empêchement du Greffier :
& tiendront le Regiftre du contrôlle de
la fignature dudit Greffe.

VII. ORDONNONS que toutes les
Sentences d'Inftruction & autres Actes
qui s'expedient en parchemin , & qui
n'eftoient pas fujettes à la fignature aux
termes de noftre Declaration du mois
de Février 1679. feront à l'avenir fignées
du Greffier en Chef, pour le droit de la-
quelle fignature il ne fera payé que huit
fols pour chacun rôlle de l'expedition
en parchemin , & lorfque lefdites Sen-

tences d'Inſtruction ſeront miſes en placard, il ne ſera payé pour droit de ſignature de chacune d'icelles que huit ſols, leſquels huit ſols par chacun rôlle, Nous avons attribué, & attribuons auſdits quatre Secretaires Gardes-Minuttes dont ils feront bourſe commune pour en joüir chacun par quart, la ſomme de deux cens livres préalablement priſe par le Greffier en Chef par chacun an , pour l'indemniſer du quart du Greffe des Affirmations à luy appartenant, que nous avons réüni aux Charges des quinze Greffiers-Commis à la peau par noſtre preſent Edit.

VIII. Lorſque les Charges que les Greffiers-Commis exercent à preſent , ſeront poſſedées par d'autres qui en auront eſté pourvûs par mort, réſignation ou autrement , toutes les Minuttes & Regiſtres des Greffiers-Commis qui ont precedé ceux qui entreront en exercice actuel , ſeront mis & dépoſez dans les endroits du Chaſtelet les plus commodes, qui ſeront choiſis par le Lieutenant Civil audit Chaſtelet, & donnez en garde auſdits Secretaires Gardes-Minuttes qui en feront des tables ou repertoires, & les tiendront en bon ordre à leurs frais

en la maniere dont la diſtribution leur
ſera faite, ſçavoir à l'un d'eux les Minuttes des Regiſtres, & Minuttes des
Sentences des Audiences du Parc Civil
& Criées & du Preſidial, les Regiſtres
des publications qui s'y font. Ceux des
quinze Greffiers-Commis écrivans à la
peau les Regiſtres, Minuttes, & pieces
du Greffe des Decrets & les Minutes des
Adjudications. Un autre deſdits quatre
Secretaires ſera depoſitaire des Minuttes
& Regiſtres des Greffes de la Chambre
Civile, Police, Acte de Tutelle, Cura-
telle, avis de parens, receptions d'Officiers, de Maiſtriſes & Jurandes, inſtructions extraordinaires qui ſe font par les
Lieutenans Civil & de Police, & des Regiſtres des Bapteſmes, Mariages, & En-
terremens, & Regiſtres & Minuttes de la
Chambre de noſtre Procureur audit Chaſtelet, l'un d'eux ſera Depoſitaire des
Minuttes des Regiſtres & ſacs du Greffe
du depoſt & Sentences qui s'expedient
ſur les procez par écrit, des Minuttes
des Inſtructions extraordinaires qui ont
eſté faites pardevant ledit Lieutenant
Civil qui ſeront audit Greffe, des Minuttes & Regiſtres du Greffier des Defauts
& des Regiſtres du Contrôlle des Ex-

ploits, & un autre sera Depositaire de toutes les Minuttes & sacs des Sentences qui s'expedient au depost Criminel, Minuttes des Instructions & Actes qui s'y font, & des Registres des Audiences qui s'y tiennent.

IX. Les veuves, enfans & heritiers des Greffiers & autres qui ne sont point actuellement Greffiers, & qui ont des Registres, Minuttes ou autres Actes desdits Greffes en leur possession, seront tenus de les remettre incessamment dans les lieux qui seront à ce destinez par nostre Lieutenant Civil, quoy faisant, ils en demeureront bien & valablement déchargez, & par luy mis en la possession de chaque Secretaire Garde-Minuttes, suivant la destination cy-dessus, qui s'en chargera pardevant luy en presence de nostre Procureur sur un Registre particulier, & en cas que lesdits Secretaires Gardes-Minuttes fussent requis dans la suite de délivrer des expeditions tant desdits Actes, Sentences, ou Registres, que de celles dont ils seront chargez au terme de l'article precedent; ils les feront expedier, & le successeur en la Charge du Greffier-Commis y mettra le Collationné, & ils partageront par moitié les émolumens, les frais de l'expedition déduits.

X. Le Greffier des Infinuations, & Bannieres demeurera toûjours Depofitaire de fes Regiftres. Sı DONNONS EN MANDEMENT à nos amez & feaux Confeillers les gens tenans noftre Cour de Parlement, Chambre des Comptes, Cour des Aydes & Officiers du Chaftelet, que le prefent Edit ils ayent à faire regiftrer, & le contenu en iceluy garder & obferver de point en point, felon fa forme & teneur, ceffant & faifant ceffer tous troubles & empefchemens, nonobftant tous Edits, Declarations, Arrefts & Reglemens à ce contraires, aufquels Nous avons dérogé & dérogeons par ledit prefent Edit. Voulons qu'aux copies d'iceluy collationnées par l'un de nos amez & feaux Confeillers & Secretaires, foy foit ajoûtée comme à l'original, CAR tel eft noftre plaifir : & afin que ce foit chofe ferme & ftable à toûjours, Nous y avons fait mettre noftre fcel. DONNE' à Verfailles au mois de Mars l'an de grace 1690. & de noftre regne le quarante-feptiéme. Signé, LOUIS. *Et plus bas*, Par le Roy, COLBERT, & fcellé du grand fceau de cire verte.

Regiſtré, ouy & ce requerant le Procu-
reur General du Roy, pour eſtre executé
ſelon ſa forme & teneur, ſuivant l'Arreſt
de ce jour. A Paris en Parlement le 17.
jour d'Avril 1690. Signé, DU TILLET.

TARIF DES DROITS
que le Roy veut & ordonne ê-
tre levez & perçûs par les Greffiers du Châtelet de Paris.

Greffiers des Audiences du Parc Civil & Preſidial.

I. SEra payé par chacun rôlle des Sentences, le rôlle contenant deux
pages, la page vingt-deux lignes, & la
ligne quinze ſyllabes.   8 ſ.

II. Pour écrire le diſpoſitif de la Sentence ſur le Regiſtre, collationner celle
qui eſt écrite enſuite des qualitez, ſera
payé deux ſols pour chacune Sentence.

III. Pour la publication d'un Teſta-
ment ou autres Actes portant ſubſtitu-
tion.   40 ſ.

IV. Pour tranſcrire l'Acte qui ſera pu-
blié dans le Regiſtre des Publications,

sera payé à raison de cinq sols du rôlle de la piece qui y sera transcrite.

V. Pour les autres publications qui ne doivent point estre transcrites sur le Registre comme publication d'Encheres du Parlement, Requestes du Palais, Cour des Aydes, & autres. 30 s.

VI. Pour les Actes de Garde Noble,& Bourgeoise y compris l'Expedition. 50 s.

VII. Pour communiquer les pieces en execution d'une Sentence qui adjuge le Retrait. 30 s.

VIII. Pour l'Enregistrement d'un Acte de Serment d'un Expert, & le mettre sur l'Exploit. 5 s.

IX. Pour la Decharge d'un prisonnier. 40 s.

X. Pour l'Acte de soumission de celuy qui fait cession de biens. 40 s.

XI. Pour le port des pieces au Parlement lorsqu'il est ordonné. · 25 s.

XII. Pour les Expeditions en papier qui se délivrent des Actes enregistrez dans le Registre des Publications sera payé cinq sols du rôlle de l'Expedition.

XIII. Pour la Sentence de Certification de Criées de chacune Paroisse. 5 s.

XIV. Outre lesquels droits celuy des Greffiers qui tient le Registre des Criées, aura

XV. Pour l'Expedition des Sentences de Licitation & Baux Judiciaires, 20 f. du rôlle.

XVI. Pour le paraphe de l'enchere, mise au Greffe, pour la vente d'un immeuble. 20 f.

XVII. Pour le paraphe de l'enchere pour un Bail Judiciaire & pour la vente des fruits & grains pendant par les racines. 10 f.

XVIII. Pour le droit du Greffier lors de l'adjudication, pour clore l'enchere, tant en decret forcé que volontaire, 21 f. & lors qu'en decret volontaire il y a plusieurs Contrats, le droit se multipliera à proportion du nombre des Contrats.

XIX. Pour la declaration que fait le Procureur de la personne, au profit de qui l'adjudication est faite en decret forcé. 40 f.

XX. Pour pareille declaration en matiere de Baux Judiciaires. 20 f.

XXI. Pour les Lettres de diligences en decret volontaire. 14 f.

XXII. Pour les Lettres de Comparution qui se délivrent aux Huissiers à cheval lors de la montre. 12 f.

XXIII. Pour l'Expedition du rôlle de la montre des Huissiers à cheval, 10 f.

XXIV. Pour l'Expedition de celuy des Sergens à verge. 6 l.

Les quinze Greffiers Commis écrivans à la peau pour l'Expedition des Sentences du Parc Civil & Presidial des Jeudis, Samedis; & de deux Vendredis l'un, & autres Actes de leur Greffe.

I. **P**Our l'Expedition desdites Sentences sera payé à raison de 8 s. du Rôlle contenant deux pages, chaque page 22. lignes & 15. syllabes à la ligne.

II. Pour les Lettres de Garde-gardienne, de protection, & pour les Compulsoires. 16 s.

III. Pour les Commissions. 7 s.

IV. Pour porter au Greffe une piece maintenuë fausse. 21 s.

V. Pour les Actes de Renonciations aux Successions ou Communauté, acte d'autorisation des maris, acte de soumission de caution. 15 s.

VI. Pour les copies des pieces qu'ils collationnent à raison de 5 s. du rôlle de la grosse, contenant le rôlle 2. pages, la page 22. lignes, & chaque ligne 15. syllabes.

VII. Pour un acte de creation de Cu

rateur aux successions vacantes & biens déguerpis.   32 s.

VIII. Pour la communication des pieces, paraphes & décharges.   7 s. 6 d.

IX. Pour les Actes d'affirmation, soit en personne ou par procuration que les Procureurs seront tenus de faire au Greffe, sans pouvoir faire signifier une simple Declaration.   10 s.

X. Joüiront du Greffe des affirmations de voyages, & seront payez par chacun Acte d'Affirmation.   10 s.

XI. Pour les Actes de reprises d'instance, 7 s. lorsqu'on les voudra faire au Greffe.

GREFFIER DES DECRETS.

I. AUra pour l'expedition d'un Decret volontaire qui contiendra dix Rôlles, & au dessous signé & scellé la somme de cinquante-huit livres seize sols, sçavoir onze livres pour la signature, au Greffier de l'Audience vingt sols, à l'Audiencier trente-cinq sols, au Scelleur trente sols, au Garde scel quarante sols, & le surplus pour tous les Droits, y compris la minutte, papier & parchemin timbré.

II. Si les Decrets volontaires excedent dix rôlles l'excedant sera payé à trente sols du rôlle.

III. Pour les Decrets forcez sera payé, sçavoir

IV. Pour l'enregiftrement de la saisie réelle d'une maison.   30 f.

V. Pour celuy d'une grande Terre ou d'un grand Hoftel à Paris.   3 l.

VI. Pour l'enregiftrement de chacun des biens en roture.   2 f. 6 d.

VII. Pour l'enregiftrement de chaque oppofition.   7 f. 6 d.

VIII. Pour la radiation de chaque oppofition.   40 f.

IX. Pour la clofture de l'enchere lors de l'adjudication.   39 f.

X. Pour l'expedition d'un Decret forcé sera payé trente sols du rôlle, contenant le nombre de pages, lignes & syllabes que deffus.

Greffiers des Chambres Civile de Police, & du Procureur du Roy.

I. POur l'expedition des Sentences d'Audience de quelque grandeur qu'elles puiffent eftre.   15 f.

II. Pour l'expedition en parchemin

des avis de parens, grosse & minutte de quelque grosseur qu'ils soient. 6 l. 4 s.

III. Pour l'expedition des Actes de tutelle, grosses & minutes de quelque grandeur qu'ils soient. 58 s.

IV. Pour l'expedition des Curatelles. 58 s.

V. Pour la closture des Inventaires. 32 s.

VI. Pour les Sentences d'émancipation cinq livres huit sols de quelque grandeur que soit la minutte & grosse d'expedition.

VII. Pour l'expedition de la Sentence sur les Lettres de benefice d'Inventaire, grosse & minutte. 3 l. 16 s.

VIII. Pour les Decrets qui s'expedient au Civil & à la Police en matiere extraordinaire. 36 s.

IX. Pour l'expedition d'une Sentence de Recollement tant au Civil qu'à la Police. 40 s.

X. Pour la décharge d'un prisonnier. 40 s.

XI. Pour une Sentence d'enterinement de Lettres de Terrier, 3 l.

XII. Pour les vacations lorsqu'ils travailleront avec les Juges auront les deux tiers, à la charge de ne rien prendre pour la grosse. B iij

XIII. Pour le port des Informations au Parlement. 25 f.

XIV. Pour la communication des informations aux Avocats du Roy pour plaider à l'Audience. 25 f.

XV. Pour rendre les Informations lorsqu'elles font converties en Enqueftes. 25 f.

XVI. Pour délivrer un Executoire aux Meffagers & autres qui apportent des pieces. 30 f.

XVII. Pour les receptions d'Officiers la moitié du Juge.

XVIII. Pour les avis du Procureur du Roy qui s'expedient en papier de quelque grandeur qu'ils foient. 15 f.

XIX. Pour le ferment des Experts fera payé cinq fols, y compris l'Acte qui fe met fur l'Exploit.

XX. Pour l'expedition des Lettres de Maiftrife & Jurande. 3 l. 12 f.

XXI. Pour les Interrogatoires en la Chambre du Confeil lors du Jugement des procez extraordinaires, tant au Civil qu'à la Police. 3 l. 4 f.

XXII. Pour les Sentences diffinitives à la Police fur production des parties, minutte & groffe à raifon de dix fols pour rôlle.

XXIII. Pour la Collation, Jonction & décharge de chacun fac. 7 f.

XXIV. Pour un Acte de caution pour les Chambres garnies. 20 f.

Greffiers des Deffauts.

I. POur le Deffaut Concluant. 5 f.

II. Pour l'Expedition de chacune Sentence en parchemin dont la Minutte est dreffée par le Procureur, de quelque grandeur qu'elle puiffe eftre. 23 f.

Greffier des Infinuations & Garde Regiftres des Bannieres.

I. SEra payé à raifon de 36 f. du rôlle de l'Acte qui fera infinué, & ce pour le tranfcrire au long fur le Regiftre des Infinuations, & mettre le Certificat fur l'Acte qui aura efté infinué.

II. Et où les actes qui feront apportez pour eftre infinuez feroient d'une écriture trop preffée, ou bien écrit trop au large, la reduction ou augmentation fe fera fur le pied de 2. pages chaque rôlle, la page 22. lignes & 15. fyllabes à la ligne.

III. S'il eft requis de délivrer des Ex-

peditions des Actes insinuez , il sera payé
à raison de 5 s. du rôlle des Expeditions ,
le rôlle contenant les pages & lignes
comme dessus.

IV. Il sera pareillement payé à raison
de 5 s. du rôlle pour les Expeditions qu'il
délivrera , Extraites des Registres des
Bannieres.

*Greffiers Commis du Dépost, & pour l'Ex-
pedition de la moitié des Sentences sur
Procez par écrit , tant au Civil qu'à
la Police , & les quatre autres Greffiers Commis pour l'Expedition de
l'autre moitié desdites Sentences du
Civil & de la Police.*

I. POur l'Expedition des Sentences y
compris la Minutte du Veu de Pieces qui sera dressé par lesdits Greffiers,
seront payez à raison de dix sols du rôlle,
le rôlle contenant 2. pages , la page 22.
lignes , la ligne 15. syllabes.

II. Pour le produit & collation de
chaque sac, soit de procez, d'appel d'affaires Beneficiales, procez extraordinaires ou procez ordinaires.   10 s.

III. Pour la communication de la production principale.   10 s.

IV. Pour les vacations lors qu'ils travailleront aux affaires extraordinaires, les deux tiers du Juge, sans pouvoir prétendre la Grosse.

V. Pour le produit des moyens de faux & jonction de la piece maintenuë fausse.   21 f.

VI. Pour la décharge de chaque fac. 10 f.

VII. Pour la communication des Informations aux Avocats du Roy.   25 f.

VIII. Pour le port d'un procez au Parlement.   25 f.

IX. Pour l'expedition des Decrets en matieres extraordinaires.   36 f.

X. Pour une Sentence de recollement.   40 f.

XI. Pour la décharge d'un prisonnier.   3 l.

XII. Pour la prononciation d'une Sentence renduë en matiere extraordinaire.   3 l.

XIII. Pour les Executoires aux Messagers ou autres qui apportent les Pieces ou Informations.   30 f.

XIV. Pour les Executoires de dépens qui se délivrent sur les declarations de dépens taxez par les Commissaires.   5 f.

XV. Pour les Interrogatoires en la Chambre du Conseil lors du jugement des procez extraordinaires.   3 l.

XVI. Pour rendre les Informations lors qu'elles font converties en Enqueftes.   25 f.

Greffiers du Criminel , & un Commis écrivant à la peau réuni aufdits Greffiers.

I. POur l'expedition de chaque Sentence , de quelque longueur qu'elle foit , renduë à l'Audience.   18 f.

II. Pour l'expedition d'un Decret, compris la communication au Procureur du Roy.   46 f.

III. Pour les Lettres de comparution perfonnelle.   22 f.

IV. Pour le port d'une Information au Parlement.   25 f.

V. Pour l'expedition d'une Sentence de recollement, provifion, & permiffion de publier Monitoire.   50 f.

VI. Pour un Act de foûmiffion de caution. -   32 f.

VII. Pour le recollement d'un témoin.   10. f.

VIII. Pour la confrontation d'un témoin.   . 10 f.

IX. Pour les vacations lors des Interrogatoires ou des recollemens & con-frontations, lors qu'ils font d'une longueur confiderable, & autres Actes où les Juges fe taxent vacations, auront les deux tiers du Juge fans Groffe.

X. Pour le produit d'un fac au Greffe, collation & enregiftrement. 10 f.

XI. Pour décharger une Information du Greffe, & en charger les Avocats du Roy. 20 f.

XII. Pour l'Interrogatoire fur la fellette. 3 l. 4 f.

XIII. Pour l'expedition des Sentences fur procez par écrit, fera payé à raifon de dix fols du rôlle en parchemin, le rôlle contenant deux pages, la page vingt-deux lignes, & quinze fyllabes à la ligne.

XIV. Pour dreffer la minutte du veu & difpofitif de la Sentence. 3 l. 4 f.

XV. Pour la décharge d'un prifonnier. 3 l. 4 f.

XVI. Pour parapher des pieces d'un procez, & les porter au Parlement. 3 l. 4 f.

XVII. Pour la décharge & collation de chaque fac. 10 f.

XVIII. Pour l'expedition d'une Ordonnance pour transferer un prifonnier. 30 f.

XIX. Pour prononcer la Sentence à un prisonnier. 3 l. 4 f.

XX. Pour l'Executoire lors qu'un Messager ou autre apporte des Informations ou autres pieces. 30 f.

XXI. Pour la reception d'une Sage-femme. 7 l. 10 f.

XXII. Pour la reception des Sergens à verge & Huissiers à cheval. 3 l. 8 f.

XXIII. Et les Archers de Ville. 30 f.

XXIV. Pour rayer un écroüe, compris le Procez verbal. 3 l. 4 f.

XXV. Pour la publication des Lettres de remission. 3 l. 4 f.

CERTIFICATEUR DE CRIE'ES.

I. POur verifier les criées, les examiner, les certifier, & en venir faire le rapport à l'Audience. 7 l. 4 f.

II. Lors qu'il y aura plusieurs maisons & heritages, & autres immeubles scituez en differentes Paroisses dans lesquelles on aura fait des criées, le droit sera augmenté à raison de sept livres quatre sols pour chacune Paroisse.

SCELLEUR

SCELLEUR DU CHASTELET.

I. POur le sceau des Sentences du Parc
Civil, Presidial, Chambre Civile,
Police & Criminelle.   15 s.

II. Pour le sceau des Sentences des
Consuls en matieres excedant cent livres.   15 s.

III. Pour le sceau de celles au dessous
de cent livres.   5 s.

IV. Pour le sceau des Decrets.   30 s.

V. Pour le sceau des Sentences de
l'Auditeur, de vingt-cinq livres jusques
à cinquante.   10 s.

GARDE-SEEL.

I. POur la garde des Decrets pendant
vingt quatre heures, pour chacun
Decret   40 s.

II. Pour l'enregistrement de chaque
opposition au sceau.   20 s.

III. Pour l'immatricule des Notai-
res.   3 l.

IV. Pour l'immatricule des Huissiers
à cheval & Sergens à verge.   32 s.

V. Pour signer par *ita est* en la place
d'un Notaire decedé, ou qui n'est pas en

état de signer, deux sols six deniers du
rôlle de la Grosse qu'il signe, le rôlle
contenant deux pages, vingt-deux lignes chacune, & les lignes quinze syllabes : Lequel droit augmentera à proportion que les rôlles seront plus ou moins
remplis.

VI. Pour la radiation de chaque opposition.   3 l.

GREFFE EN CHEF.

Les droits du Greffier en chef se perçoi-
vent suivant les articles 18. & 19. du
Reglement du mois de Février 1679.
enregistré au Parlement le 17. Mars
1679. sçavoir

I POur l'expedition des Jugemens &
Sentences diffinitives & provisoi-
res, soit contradictoires ou par deffaut
d'audience, ou sur procez par écrit, De-
crêts, Baux judiciaires, Licitations,
Gardenobles & bourgeoises, Tutelles
& Curatelles, Avis de parens, Interdi-
ctions, benefices d'âge, Emancipations,
sera payé à raison de vingt-deux sols du
rôlle, le rôlle contenant deux pages,
chaque page vingt-deux lignes, & quin-

ze syllabes à la ligne, & onze sols pour -
demy rôlle, à l'exception des Sentences
& Jugemens qui seront rendus aux
Chambres Civile & de Police pour des
matieres au dessous de cent livres, pour
lesquels il ne sera payé que la moitié des
droits cy-dessus.

II. Pour chacun Acte de reception des
Officiers de Judicature, Greffiers, Commis, Clercs, Receveurs, Huissiers Au-
dienciers, & autres du Corps du Chastelet, sera payé   6 l.

III. Pour chacun Acte de reception
de Procureur.   4 l.

IV. Pour chacun Acte de reception de
Sergent à verge, & à la douzaine, Huissiers à cheval, Vendeurs de bled, Officiers de foin, Langayeurs, & autres Officiers de Police, & Sagefemmes.   3 l.

V. Pour les Actes de reception d'Archers de Ville.   20 s.

VI. Pour chacun Decret de prise-de-
corps, d'ajournement personnel, & d'as-
signé pour estre oüy.   25 s.

VII. Pour chaque Lettre de compul-
soire de garde-gardienne, protection,
Maîtrise & Jurande.   6 s.

VIII. Pour chacune Insinuation de do-
nation & publication de substitution. 3 l.

IX. Pour chacune commiſſion priſe au Greffe pour aſſigner, informer, ſaiſir, appoſer ſcellé & Executoire de dépens, & apport de procez.   7 ſ.

Sans que les droits cy-deſſus attribuez auſdits Greffiers puiſſent nuire ny préjudicier à chacun d'eux au ſujet des prétentions reſpectives qu'ils ont les uns alencontre des autres pour raiſon d'aucunes des fonctions de leurs charges, ſur leſquelles ils ſont en procez au Parlement, & notamment à celuy qui eſt entre les Greffiers de la Chambre Civile & les Greffiers des procez par écrit.

Fait & arreſté au Conſeil Royal des Finances tenu par ſa Majeſté à Verſailles le 21. jour de Mars 1690.

Signé, COLBERT.